MW01711872

¿Son iguales todas las religiones?

Douglas Groothuis

Publicado originalmente en inglés bajo el
título *Are all religions one?*

Traducido y publicado con permiso de
InterVarsity Press, P.O. Box 1400, Downers
Grove, IL 60515, USA.

Traducido por Carmina Pérez
Cubierta diseñado por Graphic Oasis

ISBN: 1-58802-053-3
Categoría: Religiones

Todas las citas bíblicas son de la Versión
Reina-Valera, Revisión 1960.

Introducción

Vivimos en una cultura de creciente diversidad religiosa. Sólo tiene uno que mirar la pizarra de avisos de cualquier centro universitario y encontrará anuncios de yoga hindú, meditación budista, sociedades islámicas, fraternidades cristianas y una colección abrumadora de diversas enseñanzas y prácticas espirituales. Una mirada a la guía telefónica tendrá el mismo resultado. Ahí encontraremos no sólo iglesias cristianas y sinagogas judías, sino templos budistas e hindúes, así como mezquitas musulmanas. No cambia esta realidad todo lo que se diga acerca de que los Estados Unidos es o ha sido una "nación cristiana".

A pesar de esta creciente diversidad, los practicantes de todas estas religiones declaran de manera habitual que sus creencias son tanto objetivamente verdaderas como primordiales para la liberación espiritual. El exceso desconcertante de opciones religiosas ha conducido a muchos a sugerir que las afirmaciones religiosas de que hay una sola y exclusiva verdad salvadora son evidencia de un dogmatismo ignorante y anticuado. Por consiguiente, las religiones deben someterse a una evaluación más sensata y humilde para evitar las controversias y los conflictos religiosos.

1

El elefante y los ciegos

Hay muchos que piensan que la popular parábola acerca del elefante y de varios hombres ciegos ilustra una verdad muy importante acerca de la relación entre las religiones mundiales. El relato infunde esperanzas de que la intolerancia religiosa y hasta la violencia pueden superarse mediante la humildad y el entendimiento mutuo. ¿Pueden un elefante imaginario y unos cuantos ciegos producir el elíxir para nuestras luchas y confusiones religiosas?

El relato dice que varios ciegos estaban tocando un elefante (nunca se nos explica cómo es que el elefante se mantuvo tan apacible para soportar esta inspección). El hombre que tocó el colmillo dijo que la bestia era lisa y dura. El que tocó la cola describió al elefante delgado y como un alambre. El hombre que tocó la oreja creyó que el animal era una criatura suave y flexible. El hombre que pasó la mano sobre la piel dijo que el elefante era duro y tosco como el barro. Cada uno de ellos tuvo un contacto y una comprensión limitada de la entidad que estaban considerando. Por su ignorancia de toda la verdad, cada uno supuso que todo el elefante se ajustaba a su limitada descripción. Por supuesto, el elefante está hecho de todas las cosas que los ciegos describieron. El colmillo es liso, la oreja es suave, la piel es tosca y la cola es como un alambre.

La moraleja del relato es que cada religión tiene sólo un conocimiento parcial, pero que todas piensan equivocadamente que tienen la esencia de la verdad religiosa. Desde una posición estratégica e inteligente, uno ve que todas las religiones son parte de la única realidad divina (el mismo elefante). Por tanto, las peleas, luchas y hasta las guerras que se suscitan por causa de desacuerdos religiosos no tienen sentido. Todas las religiones tienen algunas verdades importantes y, en consecuencia, deben respetarse. Los que se basan en esta parábola les aconsejan a sus oyentes que recuerden este relato la próxima vez que sean tentados a hacer afirmaciones categóricas acerca de su parte en el elefante religioso.

2

¿Qué es religión?

Volveremos a nuestro elefante y a sus amigos a su debido tiempo. Primero debemos considerar la naturaleza y la función de la religión para poder evaluar la afirmación de que todas las religiones son, en cierta medida, iguales.

Definir la religión es de notoria dificultad. Sabemos que el budismo, el islamismo, el cristianismo, el judaísmo y el hinduismo son religiones. ¿Qué atributo primordial comparten que las hace religiones y no cualquier otra cosa?

Algunos han alegado que la característica que define todas las religiones es una entrega suprema. En ese caso, se pudiera considerar el marxismo como una religión, aunque es ateo y no es partidario de ningún método para la instrucción espiritual, a excepción de comprender la filosofía marxista y de fomentar revoluciones.

Por otra parte, sabemos que el budismo es una religión; sin embargo, los budistas (theravada) son agnósticos o ateos. El teísmo, por consiguiente, no es un aspecto primordial de la religión. Aun más, muchos que creen en Dios pero que no practican ninguna tradición religiosa se considerarían irreligiosos.

Una definición imprecisa pero factible es que las religiones afirman tener la explicación de la naturaleza de lo sagrado y de cómo los seres humanos pueden llegar a aceptarlo. Las principales religiones mundiales afirman tener la verdad acerca de la realidad suprema, de la condición humana y de cómo pueden los seres humanos encontrar liberación espiritual.

"Tener la verdad" es sostener que sus afirmaciones representan o corresponden fielmente con la realidad. Ésta es la dimensión doctrinal de la religión, la cual es indispensable para su identidad.[1] Los fundadores de las religiones, ya sea Buda, Jesús o Mahoma, dicen haber recibido conocimiento de la verdad objetiva, verdad que todos deben conocer. Las diversas afirmaciones religiosas acerca de la verdad se concentran con intensidad en la experiencia. Un filósofo puede especular acerca de lo Absoluto, pero nunca reunirá una secta religiosa para que siga sus conjeturas hasta la muerte. Las religiones, por otro lado, promulgan verdades que se consideran trascendentales y transformadoras.

Por ejemplo, después que Siddhartha Gautama encontró iluminación y se convirtió en Buda ("el iluminado"), predicó el camino a la iluminación (nirvana), una enseñanza que no podía encontrarse en los sistemas hindúes de su tiempo. Buda afirmaba que si uno quería liberarse de la rueda de la reencarnación debía seguir su enseñanza acerca de las ocho sendas hacia la liberación de los deseos y los sufrimientos. En otro contexto, Jesús de Nazaret proclamó que Él mismo era "el camino, y la verdad, y la vida", y que la paz con Dios el Padre se podía alcanzar sólo por medio de Él (Juan 14:6). Estas afirmaciones no se presentaban como especulaciones vanas o como opiniones religiosas, sino como verdades transformadoras. Ni Buda ni Cristo eran relativistas religiosos que iban de un lugar a otro balbuceando: "Esta es la verdad para mí, pero tal vez no sea la verdad para ti." Ellos eran mucho más rígidos que eso.

Las religiones están arraigadas en las culturas y cumplen un número de funciones sociales y psicológicas. Sirven para unir una comunidad, para dar esperanza o para desafiar o aprobar los poderes seculares. Como señala William James en *The Varieties of Religious Experience [La variedad de experiencias religiosas]*, a pesar de las inmensas diferencias entre las religiones "hay cierto criterio uniforme en el que todas las religiones parecen coincidir. Este criterio común tiene dos partes: (1) una inquietud; y (2) su solución. (1) La inquietud, reducida a términos más simples, es una sensación de que *hay algo malo en nosotros* en nuestro estado natural. (2) La solución es que *somos salvos de lo malo* haciendo la conexión adecuada con los poderes superiores".[2]

Sin embargo, la naturaleza del problema y el modo de solucionarlo se han definido de maneras muy diferentes. Las religiones pueden ser sencillas en forma y función, pero afirman cuestiones contradictorias en cuanto a la realidad suprema, a la condición humana y a la liberación espiritual. G. K. Chesterton establece esta proposición en su obra clásica *Orthodoxy [Ortodoxia]* cuando rechaza la idea de que "las religiones de la tierra difieren en ritos y formas, pero todas enseñan lo mismo". Mantiene que esta idea es falsa; es lo contrario de la realidad. Las religiones de la tierra *no* difieren mucho en ritos y formas; difieren en gran manera en lo que enseñan . . . La verdad es que la dificultad de todas las creencias de la tierra no está en lo que se alega en esta máxima de poco valor: que todas concuerdan en significado, pero discrepan en maquinaria. Es exactamente lo contrario. Concuerdan en maquinaria; casi todas las grandes religiones funcionan con los mismos métodos externos: sacerdotes, escrituras, altares, fraternidades bajo juramento y festividades especiales. Concuerdan en la manera de enseñar; en lo que difieren es en lo que enseñan . . . Las creencias que existen para destruirse mutuamente todas tienen escrituras, así como los ejércitos que existen para destruirse mutuamente todos tienen armas.[3]

Chesterton destaca que el empleo de ciertas formas culturales no significa en lo absoluto la aprobación de las enseñanzas religiosas que se plantean mediante esas formas. Por ejemplo, tanto los socialistas como los capitalistas han mantenido fuertes perspectivas mundiales que expresan en revistas y libros. Sin embargo, el uso común de la literatura para fomentar creencias no contribuye en nada a armonizar creencias conflictivas. Cuando Chesterton dice que las creencias existen para destruirse mutuamente, no está alegando que las religiones deben tomar las armas unas contra otras. Lo que quiere decir es que cada religión formula verdades acerca de elementos primordiales de su perspectiva mundial que no pueden conciliarse con las verdades primordiales de otras religiones. Por ejemplo, los hindúes, los cristianos y los musulmanes oran; sin embargo, difieren en su idea del Dios a quien oran.

Una manera sencilla de examinar la idea de que todas las religiones son iguales es comparar las enseñanzas primordiales de las tres principales tradiciones religiosas. Si todas las principales religiones mundiales fueran en un final expresiones de la misma realidad, esperaríamos que concuerden en asuntos como *la realidad suprema, la condición humana* y *la liberación espiritual.* Por lo menos esperaríamos encontrar alguna estrategia para unificar sus enseñanzas al parecer contradictorias, como en el relato del elefante.

Una tentación principal en el estudio de la religión comparativa es alterar las enseñanzas religiosas para acomodarlas dentro de un sistema común. En un libro popular y reciente, *Living Buddha, Living Christ [El Buda viviente, el Cristo viviente]*, el monje budista Thich Nhat Hanh describe la ceremonia cristiana de la santa cena como una manera en la que los cristianos reflexionan en sus interconexiones con la tierra, representada por el vino y el pan. él dice:

Si nos permitimos tocar nuestro pan profundamente, somos renacidos, porque nuestro pan es la vida misma. Cuando lo comemos profundamente, tocamos el sol, las nubes, la tierra y todo el cosmos. Tocamos la vida y tocamos el reino de Dios.[4]

Hanh trata de vincular la santa cena cristiana con la cama de Procusto del budismo, describiéndola de tal manera que desconoce la práctica cristocéntrica que recuerda el cuerpo herido de Jesús (el pan) y la sangre derramada (el vino) que ofreció mediante su muerte en la cruz. Esta maniobra no contribuye en lo absoluto a traer una comprensión mayor al debate religioso porque no honra el significado intrínseco de la religión que se describe. El reino de Dios, como lo enseña la Biblia, no es cuestión de unidad con el cosmos, sino del reinado personal y la presencia redentora de Dios mismo.

Para examinar la idea de que todas las religiones son iguales, compararemos las enseñanzas del cristianismo, el Islam y el hinduismo monista en estos tres aspectos fundamentales: la realidad suprema, la naturaleza de la humanidad y la liberación espiritual. Tendremos sumo cuidado de describir cada sistema de creencia de manera que sea fiel a las diferentes tradiciones, y dejaremos la cama de Procusto con él y sus errados seguidores.

3

La realidad suprema: ¿La Trinidad, Alá o Brahma?

Lo que dice el cristianismo: Tanto el Antiguo como el Nuevo Testamento revelan que Dios es el único y supremo Creador del universo. "En el principio creó Dios los cielos y la tierra" (Génesis 1:1). Dios es el eterno Creador; no puede identificarse con el cosmos porque en la esencia de su ser es trascendente y separado de la creación. Pablo predicaba que Dios es un ser que existe por sí mismo, de quien depende todo el universo (Hechos 17:25). Dios se presentó a Moisés en la zarza ardiendo como "YO SOY EL QUE SOY" (Éxodo 3:14). Dios es un ser introspectivo y personal, un centro de conciencia con relación a su creación. El profeta Isaías describe muchas veces la excelencia y el inigualable poder de Dios en términos personales y soberanos: "Mirad a mí, y sed salvos, todos los términos de la tierra, porque yo soy Dios, y no hay más" (Isaías 45:22). Cuando Jesús enseñó a sus discípulos a orar, les dijo que debían dirigirse a Dios como su "Padre" (Mateo 6:9). El lenguaje personal que la Biblia emplea para describir a Dios se refiere a su carácter mismo; no es una adaptación poética que se emplea para describir un ser fuera de la personalidad, como en algunas formas del hinduismo.

Además de ser puramente monoteísta, el cristianismo es trinitario, lo que lo distingue de otras formas de teísmo. Hay un solo Dios (Deuteronomio 6:4), que existe eternamente en tres personas iguales: el Padre (Efesios 1:3), el Hijo (Juan 1:1) y el Espíritu Santo (Hechos 5:1-5). La doctrina de la Trinidad no significa que uno es igual a tres, lo cual sería una contradicción lógica. Más bien enseña que hay una sola esencia o naturaleza divina que existe en tres personas. Así que Dios es uno en un sentido y tres en otro sentido. Esta doctrina no es explícita en el Antiguo Testamento, pero está sobrentendida y con seguridad no está excluida.[5] Los escritos del Nuevo Testamento enseñan que Jesús es Dios encarnado, el Mesías prometido del Antiguo Testamento. Jesús dijo: "Yo y el Padre uno somos", lo que sus oyentes identificaron como una afirmación de su divinidad (Juan 10:30). El apóstol Pablo afirma que Jesús suspendió algunas de sus prerrogativas divinas al convertirse en un siervo humano con el propósito de redimir sus criaturas extraviadas (2 Corintios 8:9; Filipenses 2:6-11).

Lo que dice el Islam: El Islam afirma ser un cumplimiento del cristianismo; sin embargo, niega muchas enseñanzas cristianas primordiales. El Corán, que es el libro sagrado del Islam, enseña que Dios (Alá) es una unidad absoluta que no permite distinción de personas. El Islam insiste en que Alá es el Creador y soberano Señor del universo y es el máximo Juez de todas las personas. En su apasionada condenación de la idolatría Mahoma, el profeta de Alá, rechazó la idea de que Jesús, un ser humano, podía ser Dios en ningún sentido. Jesús fue aclamado como un gran profeta de Alá y aun como el Mesías, pero no como Dios encarnado. El Islam rechaza la adoración a Jesús como *shirk* (la adoración pecaminosa de la criatura en vez del creador). El Corán afirma que

Alá es Uno, el Eterno Dios,

Él no engendró a nadie, ni Él fue engendrado.

Nadie es igual a Él. (Surah 112:1-4).

Al afirmar que "Él no engendró a nadie", estos versos niegan la afirmación bíblica de que Jesús es el "Hijo unigénito" (Juan 3:16). Es probable que Mahoma nunca entendiera el concepto ortodoxo de la Trinidad y en cambio rechazara varios conceptos heréticos comunes durante su tiempo, entre ellos la enseñanza de que Jesús se hizo Dios después de existir como ser humano.[6] De todas maneras, el islamismo sigue rechazando la idea de que la unidad divina puede incluir tres personas eternas e iguales.

Tanto el Islam como el cristianismo son monoteístas; hay un solo Dios y no puede identificarse con su creación. Sólo Dios es digno de adoración y honor. Ambos concuerdan en esta doctrina. Sin embargo, el Islam contradice el testimonio del Nuevo Testamento de que Dios se revela plenamente en Jesucristo y de que el judaísmo monoteísta anunciaba esta revelación más plena de Dios como trino. Cuando los musulmanes adoran a Dios sin Cristo, los cristianos recuerdan la declaración del apóstol Juan "Todo aquel que niega al Hijo, tampoco tiene al Padre" (1 Juan 2:23). Cuando los cristianos adoran a Dios en tres personas y a Cristo como la encarnación de Dios, los musulmanes los declaran culpables de *shirk* y citan un pasaje en el Corán donde se dice que Jesús niega su divinidad (Surah 5:115-18). Ésta es una gigantesca línea divisoria entre las dos religiones.

Lo que dice el hinduismo monista: Fuera

de las tradiciones monoteístas encontramos la perspectiva global del hinduismo monista (o Advaita Vedanta). El hinduismo es una religión de gran variedad, con seis escuelas principales y gran cantidad de discrepancias teológicas. He escogido una escuela que representa el monismo panteísta, una perspectiva global que recientemente ha influido en el mundo occidental, sobre todo con la meditación trascendental y el movimiento de la Nueva Era.[7] En su forma típica como lo enseñó Sankara (788-820 d.C.), el hinduismo monista afirma que la realidad es fundamentalmente una (monismo). Todas las distinciones aparentes, dualidades y diversidades, no son reales sino ilusorias *(maya)* y se deben a la ignorancia *(avidya)* de la realidad suprema. Esta gran unidad o monismo es Brahma, la deidad suprema de la escritura hindú. Brahma es la totalidad de la realidad (panteísmo); no existe nada excepto Brahma.

El monismo no puede asociarse con el monoteísmo. El monismo niega la dualidad de Creador-criatura, distinción que afirman tanto el islamismo como el cristianismo. Mientras que el islamismo y el cristianismo enseñan que la creación no debe adorarse, el hinduismo monista enseña que no existe nada salvo lo divino. La idea dualista de separar el

Creador de la creación debe desecharse. El yo en sí mismo es divino en su esencia. En una famosa escritura hindú (Chandogya Upanishad), un hijo le pregunta a su padre acerca de la naturaleza de Dios. El padre le responde: "Eso eres tú."[8] El yo es idéntico con Dios.

Aun más, el Dios del hinduismo monista no es un ser personal, sino un principio o esencia impersonal que está fuera de la personalidad. Aunque los monistas pueden acomodar sentimientos populares permitiendo la adoración de un Dios personal *(saguna Brahman)*, esto se considera como una comprensión inferior e inadecuada de la cual uno debe elevarse a un conocimiento superior de Dios como impersonal *(nirguna Brahman)*.[9] Brahma no es un agente personal que establece una relación con sus criaturas. No hay agentes, no hay criaturas, no hay relaciones. Todo es uno.[10]

Hasta ahora, el concepto de que las enseñanzas de todas las religiones son fundamentalmente lo mismo no ha salido bien en nuestro análisis de las diferentes perspectivas acerca de la realidad suprema. Mientras observamos los diferentes puntos de vista en cuanto a la naturaleza humana y a la liberación espiritual, descubriremos más discrepancias fundamentales.

4

La condición humana: ¿pecaminosa, defectuosa o divina?

Lo que dice el cristianismo: Como dice Blas Pascal, el cristianismo ve a los seres humanos como una realeza destituida.[11] El hombre y la mujer fueron creados a la imagen y semejanza de Dios con el propósito de tener comunión con Dios y uno con el otro, y para cultivar y desarrollar la buena creación de Dios (Génesis 1-2). Según las Escrituras, la humanidad se origina no en una deidad impersonal, sino en la actividad creadora de Dios. Como personas creadas por un Dios personal compartimos una dignidad dada por Él. Sin embargo, los seres humanos desobedecieron la sabia voluntad de Dios y cayeron en desobediencia y pecado (Génesis 3). Desde entonces todas las personas, tanto por naturaleza como por decisión, han sufrido los efectos de esa caída de la gracia (Romanos 3). Fuimos divinamente creados, pero llevamos las huellas de la rebelión. Según Pablo ". . . todos pecaron, y están destituidos de la gloria de Dios" (Romanos 3:23). La Biblia considera el pecado como una fuerza que ha corrompido todos los aspectos de la naturaleza humana y afecta todas las esferas de la vida. Sobre todo es una ofensa moral contra un Dios de moral perfecta y rompe la relación divino-humana (Salmo 51:4).

Lo que dice el islamismo: El islamismo también enseña que los seres humanos son creación de Dios, pero han perdido su inocencia original ante Dios (Surah 20:116-22). Sin embargo, como dice Harold Netland:

Aunque el Islam reconoce el pecado de Adán y su expulsión del huerto, no tiene nada que corresponda con la doctrina cristiana del pecado original y la completa depravación de la naturaleza humana. En cierto sentido, el Islam admite la existencia del pecado, pero parece significar más bien una debilidad, un defecto o una deficiencia del carácter humano que una corrupción radical de la naturaleza humana.[12]

Según el Islam, los hombres y las mujeres no están esclavizados por el pecado. Con determinación de la voluntad son capaces de obedecer a Alá y resistir las tentaciones humanas y demoniacas. Esta enseñanza se opone a la interpretación cristiana de que el pecado se arraiga y domina. Como lo expresa el obispo Stephen Neill: "En el centro de la discrepancia entre el Islam y el cristianismo encontraremos una gran diferencia en la interpretación de la naturaleza del pecado".[13]

Lo que dice el hinduismo monista: Según el hinduismo monista, los seres humanos son esencialmente uno con Brahma. El yo individual (al que se refieren a veces como Atman) no es una criatura de Brahma o diferente de Brahma en su ser. La sensación de separación surge sólo de la ignorancia de la suprema identidad de uno mismo. Como Dios es impersonal y todo lo abarca, no hay concepto del pecado como una ofensa moral contra un Dios santo. No hay ruptura en la relación divino-humana por causa de la inmoralidad. El centro del problema es una falta de conciencia de nuestra verdadera naturaleza divina. Como enseñó Sankara: "La diferencia entre el yo individual y el sublime Señor se debe sólo a un conocimiento equivocado, no a ninguna realidad."[14]

5

La liberación espiritual: ¿fe, obras o iluminación?

Por último, llegamos a la cuestión fundamental de la liberación espiritual. Como observa William James, todas las religiones ofrecen presuntas soluciones a la condición humana. ¿Cuál es el problema? ¿Cómo se puede solucionar? Una vez más encontramos tres conjuntos de respuestas completamente distintas.

Lo que dice el cristianismo: Los cristianos proclaman a Jesús como el Señor y Salvador de la humanidad. Al contrario del Islam, los cristianos consideran a Jesús como Dios encarnado, que llevó una vida perfecta, murió en la cruz como un sacrificio para que las personas pudieran reconciliarse con un Dios santo y resucitó de los muertos para vindicar su misión (Romanos 1:4). Jesús proclamó que "... de tal manera amó Dios al mundo, que ha dado a su Hijo unigénito, para que todo aquel que en él cree, no se pierda, mas tenga vida eterna" (Juan 3:16). Pablo enseñó que hay un mediador entre Dios y la humanidad, Jesucristo, quien se dio a sí mismo en rescate por todos (1 Timoteo 2:5-6). En el cristianismo, la liberación espiritual le otorga al creyente el perdón completo de sus pecados y una posición justificada delante de Dios. Esto se recibe únicamente por fe en Cristo mediante la sola gracia de Dios (Efesios 2:8).[15] El creyente sincero puede estar seguro de que ha recibido vida eterna porque "el Espíritu mismo da testimonio a nuestro espíritu, de que somos hijos de Dios" (Romanos 8:16).

Lo que dice el Islam: En el Islam no hay mediador entre Alá y sus criaturas. Mahoma es un portador de información acerca de Alá, pero no es un salvador.[16] Se puede imitar como un ejemplo, pero no se busca salvación en él. Uno está en pie o cae por sus propios méritos, según su obediencia individual a los mandamientos de Alá: "Ningún alma llevará la carga de otra y . . . cada hombre será juzgado por sus propias obras" (Surah 53:38). El Corán habla del juicio final en todos sus capítulos *(surah)*. El juicio pende pesadamente en el aire: "Ese día ningún alma sufrirá la menor injusticia. Tú serás recompensado solamente de acuerdo con tus hechos" (Surah 36:45; comp. 82:19). Los hechos determinarán el paraíso o el infierno. La salvación viene mediante obras, no por la fe sola. Sin embargo, a ningún musulmán se le asegura su destino final en el juicio.[17]

Lo que dice el hinduismo monista: La liberación espiritual *(moksha)* para los hindúes monistas se obtiene mediante el yoga adecuado (práctica espiritual). Sankara enseñó que *jnana* yoga (el yoga del conocimiento) era el medio para desarrollar la identidad del yo como Brahma. Sankara dijo que "el hombre que ha comprendido de una vez que Brahma es el Yo, no pertenece a este mundo transmigratorio [reencarnacional] como antes. Por otro lado, el que pertenece a este mundo transmigratorio como antes, no ha comprendido que Brahma es el Yo."[18] Uno que experimenta *moksha* es liberado de la rueda de la reencarnación y descansa en la identidad divina. La fe en un ser externo (un Dios personal) se excluye porque no hay un ser externo. Todo es uno. Las buenas obras que se hacen para ganar la salvación también se eliminan, ya que la salvación no se recibe de otro ser. Todos son Brahma en sí mismos (ya sea que lo sepan o no). El conocimiento de nuestra esencia divina es lo que trae salvación.

6

Evaluando las diferencias

Volvamos al proverbio del elefante y los ciegos. ¿Qué puede hacer esta historia para armonizar las versiones conflictivas de la realidad espiritual? En primer lugar debemos darnos cuenta de que el relato del elefante pone a las religiones del mundo en la posición de hombres ciegos. Ninguna religión mundial aceptaría esta evaluación porque cada una de ellas afirma revelar verdades supremas y universales, no percepciones parciales que necesiten elaboración de otras religiones. El intérprete religioso que emplea el relato del elefante menosprecia todas las religiones pretendiendo haber alcanzado una posición estratégica elevada que ninguna de ellas ha logrado. Simplemente, el intérprete está creando una nueva suprarreligión que niega las afirmaciones particulares de las religiones que está evaluando.[19] Pero ¿puede la presunta elevada posición en realidad reconciliar las afirmaciones divergentes que hemos descubierto?

Aunque un elefante puede ser áspero en un lado y liso en otro, no puede ser liso y áspero todo a la vez. Cuando el Islam afirma que Dios es absolutamente unitario sin posibilidad de tres personas ni de encarnación, excluye la doctrina cristiana de la Trinidad. No se puede armonizar con esta doctrina diciendo que parte de Dios es absolutamente unitaria y parte es una Trinidad. Dios no puede poseer atributos contradictorios (tampoco ninguna otra cosa). Ni tampoco podemos armonizar el punto de vista monista de un Brahma impersonal con el concepto personal de la deidad que encontramos en el Islam y el cristianismo. La naturaleza de Dios no puede ser personal e impersonal a la vez porque la personalidad cancela la impersonalidad y viceversa. Uno tiene personalidad o no la tiene. Un elefante puede ser liso en parte y áspero en parte a la vez, pero no puede estar vivo y muerto a la vez. Tampoco Dios puede ser personal e impersonal.

Las mismas dificultades se encuentran en las diferentes enseñanzas religiosas acerca de la naturaleza humana y la liberación espiritual, conceptos íntimamente ligados a las diversas doctrinas de la realidad suprema. Los seres humanos no pueden ser uno con Brahma y distintos de su Creador. La opinión de Sankara acerca de que ignoramos nuestra divinidad está en desacuerdo con el monoteísmo.

Ni tampoco la discrepancia entre el Islam y el cristianismo se puede resolver recurriendo al relato de un elefante. Si el pecado nos hace moralmente incapaces (cristianismo), no estamos sólo heridos por el pecado (islamismo) y viceversa. Asimismo, si podemos salvarnos por obras (islamismo), es falso decir que somos salvos por fe sólo mediante la gracia de Dios, aparte de las obras (cristianismo). Las diferentes descripciones de la realidad suprema conducen a diferentes descripciones del problema humano y a diferentes prescripciones para su solución. Parece que el elefante y sus ignorantes observadores nos han defraudado.

No obstante, varios pensadores modernos, de los cuales John Hick es el más destacado, han tratado de armonizar las religiones mundiales.[20] Sin embargo, podemos inspeccionar algunos elementos importantes de su enfoque para destacar sus problemas.

7

El pluralismo religioso de John Hick

Hick opina que todas las religiones principales producen personas piadosas; por tanto, la salvación no se puede restringir a una religión. Su estrategia para reconciliar las afirmaciones de verdades conflictivas incluye crear una categoría que lo abarque todo y que se llame lo real. Esto significa la realidad suprema que es la fuente de las diversas manifestaciones de las principales religiones mundiales. Hick sabe que las religiones discrepan en la naturaleza de la realidad suprema, la humanidad y la liberación espiritual. Más bien que favorecer una religión en contra de las demás, él afirma que todas expresan "lo real"en maneras diferentes pero iguales.

Sin embargo, esto despoja a lo real de cualquier contenido intelectual significativo. No podemos decir que es personal porque esto se opondría al panteísmo; ni tampoco podemos decir que es impersonal porque esto se opondría al teísmo. No podemos ni siquiera decir que es divino, ya que los budistas (Theravada) no igualan nirvana con una deidad. El resultado final es que la idea de Hick de lo real se convierte en irreal en sí misma. ¿Cómo puede haber algo que no sea personal ni impersonal?

Además, ¿por qué se manifestaría lo real en una religión ofreciendo salvación por medio de Cristo nada más y en otra ofreciéndola mediante una intuición mística de Brahma? Lo real se estaría perjurando.

Hick trata de manejar estas discrepancias afirmando que siempre que una religión hace afirmaciones exclusivas acerca de la realidad se está excediendo (todas lo hacen de alguna manera). La posición estratégica inteligente ve todas las religiones como expresiones parciales de lo real, aun si las religiones mismas no permiten esa categoría. Hick crea una categoría suprarreligiosa (y en un final irreligiosa) para armonizar las religiones. Al hacerlo echa mano de la cama de Procusto, esta vez con sábanas más modernas.

Hay otro problema que persiste en los esfuerzos de Hick. En su sistema, lo real es en realidad incognoscible e inefable. Él afirma que está fuera del alcance de los conceptos. Hick tiene que adoptar esta posición por fuerza si es que va a defender la igualdad de las afirmaciones religiosas mutuamente contradictorias. Esta apelación a lo incognoscible no resuelve nada y provoca una avalancha de problemas. Si todo lo que Hick puede decir de lo real es que existe y es la fuente de las religiones mundiales, no puede decir nada específico acerca de su verdadera naturaleza. Hick admite que no puede referirse a lo real como algo que tiene conocimiento o que es poderoso, bueno o amoroso. Según Hick, ¡los hombres ciegos sabían más acerca del elefante que lo que las religiones saben acerca de lo real! Si lo real es incognoscible, no puede explicar con precisión la naturaleza de las religiones mundiales. Si nuestros conceptos acerca de lo real nunca perciben su naturaleza fundamental, ¿por qué tenemos que confiar en el concepto de que lo real es la fuente de las manifestaciones religiosas, sobre todo cuando estas tradiciones explícitamente se contradicen entre sí en doctrinas principales? Lo real se vuelve mudo, y sin sentido.

8

Explicando a Jesucristo

Las ideas de Hick y de otros pluralistas religiosos al final se derrumban cuando coinciden con la persona de Jesucristo. No pueden aceptarlo como se presenta en el Nuevo Testamento y todavía afirman que todas las religiones son iguales.

Aunque muchas religiones afirman que Dios interviene o influye en el mundo, el cristianismo es único en su afirmación de que Dios se hizo hombre en la historia, una vez por todas, con el propósito de redimirnos. El hinduismo enseña que el Brahma impersonal a veces adopta una apariencia personal como un avatar (encarnación) para instruir al ignorante. En la historia, los avatares con frecuencia son figuras vagas y tienen muy poco en común con Cristo.[23] Y el Islam insiste en que aunque Mahoma es el profeta de Alá, Alá no puede ser encarnado.

Las narrativas históricas del Nuevo Testamento todas aseguran que Jesús de Nazaret fue un hombre, pero más que un hombre. Encontramos a Jesús proclamando que Él vino a buscar y a salvar lo que se había perdido y "para dar su vida en rescate por muchos" (Mateo 20:28). Afirmó tener divina "potestad en la tierra para perdonar pecados" (Marcos 2:10). Cuando debatía con los líderes religiosos de su tiempo dijo: "Antes que Abraham fuese, yo soy" (Juan 8:58), una reafirmación evidente de su identificación con el divino "Yo soy el que soy" del Antiguo Testamento (Éxodo 3:14).

Jesús respaldó estas afirmaciones con credenciales impecables que no se pueden repetir. Sanó a los enfermos, resucitó los muertos, enseñó con autoridad incomparable y se asoció con los humildes. También cumplió un gran número de profecías del Antiguo Testamento respecto al Mesías prometido, el siervo sufriente que iba a ser herido por nuestras transgresiones pero vindicado por Dios (Isaías 53).[25]

¿Son todas las religiones iguales? En vista de sus afirmaciones contradictorias y de la naturaleza de la verdad, no pueden ser todas una con la verdad. Presentan puntos de vista enormemente diferentes en cuanto a la realidad suprema y a la salvación. Sin embargo, en Cristo se nos presenta la realidad suprema en carne, una realidad que invita a *todos* a participar de su gracia. Como dijo Jesús:

Venid a mí todos los que estáis trabajados y cargados, y yo os haré descansar. Llevad mi yugo sobre vosotros, y aprended de mí, que soy manso y humilde de corazón; y hallaréis descanso para vuestras almas; porque mi yugo es fácil y ligera mi carga. (Mateo 11:28-30).

Jesús mismo invita a los necesitados de todas las razas y procedencia religiosa para que formen parte de su familia. Todos los que conocen a Cristo como su Señor son hermanos y hermanas en la familia adoptiva de Dios. Al apartarnos de nuestros hábitos pecaminosos y acercarnos a Jesús nuestro Salvador, también abrazamos la gran variedad del pueblo de Dios, de todos los colores y de todas las razas en todo el mundo. La unidad espiritual que encontramos en Jesucristo (Gálatas 3:26-28) es el remedio para el etnocentrismo y el racismo que asedian el planeta.

El apóstol Pablo enseñó que la muerte de Jesús en la cruz nos reconcilia con Dios y nos permite reconciliarnos unos con otros para crear una nueva humanidad (Efesios 2:15). Todas las religiones no son iguales, pero todas las personas pueden encontrar unidad a los pies de la cruz de Cristo.

Notas

[1] Acerca de las afirmaciones de "tener la verdad" y acerca de religión, véanse Mortimer Adler, *Truth in Religion: The Plurality of Religions and the Unity of Truth [La verdad en la religión: La pluralidad de religiones y la unidad de la verdad]* (Nueva York: Macmillan, 1990); y Harold Netland, *Dissonant Voices: Religious Pluralism and the Quest for Truth [Voces disonantes: El pluralismo religioso y la búsqueda de la verdad]* (Grand Rapids, Mich.: Eerdmans, 1991).

[2] William James, *The Varieties of Religious Experience: The Works of William James [La variedad de experiencias religiosas: Las obras de William James]*, ed. Frederick Burkhardt (Cambridge: Harvard University Press, 1985), p.400; énfasis en el original.

[3] G. K. Chesterton, *Orthodoxy [Ortodoxia]* (Garden City, N.Y.: Doubleday, 1959), pp. 128-29..

[4] Thich Nhat Hanh, *Living Buddha, Living Christ [El Buddha viviente, el Cristo viviente]* (Nueva York: G. P. Putnam's Sons, 1995), p. 31. Hanh a menudo define el cris-

tianismo en términos budistas.

[5] Acerca de esto, véase Millard Erickson, *God in Three Persons: A Contemporary Interpretation of the Trinity [Dios en tres personas: Una interpretación contemporánea de la Trinidad]* (Grand Rapids, Mich.: Baker, 1995), pp. 159-74.

[6] Véase Geoffrey Parrinder. *Jesus in the Qur'an [Jesús en el Corán]* (Nueva York: Oxford Press, 1977), p. 137.

[7] Sobre la relación entre el monismo panteísta y las perspectivas de la Nueva Era, véanse Douglas Groothuis, *Unmasking the New Age [Desenmascarando la Nueva Era]* (Downers Grove, Ill.: InterVarsity Press, 1986), y *Confronting the New Age [Confrontando la Nueva Era]* (Downers Grove, Ill.: InterVarsity Press, 1988).

[8] Swami Prabhavananda y Frederick Manchester, *The Uphanishads: Breath of the Eternal [Los upanisad: aliento del Eterno]* (Nueva York: Mentor, 1957), p. 70.

[9] Para un análisis profundo y una evaluación de esta distinción, véase Stuart Hackett, *Oriental Philosophy: a Westerner's Guide to Eastern Thought [La filosofía oriental: una guía para la mente occidental acerca del pensamiento oriental]* (Madison: University of Wisconsin Press, 1979), pp. 145-67.

[10] Para un buen estudio general del monismo panteísta véase James Sire, *The Universe Next Door [La puerta de al lado del universo]*, 2ª ed.. (Downers Gorve, Ill: InterVarsity Press, 1988), pp. 135-55.

[11] Blas Pascal, *Pensées [Reflexiones]* 116/398 (Nueva York: Penguin, 1966), p. 59.

[12] Netland, *Dissonant Voices*, p. 89.

[13] Stephen Neill, *Crises of Belief: The Christian Dialogue with Faith and No Faith [Las crisis de la fe: El diálogo cristiano con la fe y el escepticismo]* (Londres: Hodder & Stoughton, 1984), p. 88; citado en Netland, *Dissonant Voices*, p. 89.

[14] Citado de *A Sourcebook in Indian Philosophy [Un libro de consulta sobre la filosofía hindú]*, ed. Sarvepalli Radhkrishnan y Charles A. Moore (Princeton, N.J.: Princeton University Press, 1957), p. 515.

[15] Para la doctrina bíblica de la justificación por fe, véase R. C. Sproul, *Faith Alone: The Evangelical Doctrine of Justification [Fe nada más: La doctrina evangélica de la justificación]*, (Grand Rapids, Mich.: Baker, 1995).

[16] Véase Josef van Ess, "The Image of God and Islamic Mysticism, the Image of Man and Society", [La imagen de Dios y el misticismo islámico, la imagen del hombre y la sociedad], en *Christianity and the World's Religions [El*

cristianismo y las religiones mundiales], ed. Hans Küng, Heinrich von Stietencron y Heinze Bechert (Garden City, N.Y.: Doubleday, 1986), p. 71.

[17] Véase Netland, *Dissonant Voices,* pp. 90-91.

[18] Citado en Radhkrishnan y Moore, ed., *Sourcebook,* p. 513.

[19] Sobre esto, véase Lesslie Newbigin, *The Gospel in a Pluralist Society [El evangelio en una sociedad pluralista]* (Grand Rapids, Mich.: Eerdmans, 1989), pp. 9-10.

[20] La exposición más amplia de la posición de Hick es *An Interpretation of Religion [Una interpretación de la religión]* (New Haven, Conn.: Yale University Press, 1988).

[21] Para evaluaciones más completas, véanse Netland, *Dissonant Voices,* sobre todo los caps. 5-7, y Ronald Nash, *Is Jesus the Only Savior? [¿Es Jesús el único Salvador?]* (Grand Rapids, Mich.: Zondervan, 1995), caps. 1-6.

[22] Sobre la doctrina del avatar (encarnación) con relación a la Encarnación, véase Geoffrey Parrinder, *Avatar and Incarnation [El avatar y la Encarnación],* (Nueva York: Barnes and Noble, Inc., 1970).

[23] Para una comparación profunda entre Buda y Jesús, véase Russell Aldwinkle, *More Than a Man: A Study in Christology [Más que*

un hombre: Un estudio en Cristología] (Grand Rapids, Mich.: Eerdmans, 1976), pp. 211-46.

[24] Véase Walter C. Kaiser Jr., *The Messiah in the Old Testament [El Mesías en el Antiguo Testamento]* (Grand Rapids, Mich.: Zondervan, 1995).

[25] Véase William Lane Craig, "Did Jesus Rise from the Dead? [¿Resucitó Jesús de los muertos?] en *Jesus Under Fire: Modern Scholarship Reinvents the Historical Jesus [Jesús, blanco de críticas: la erudición moderna inventa un nuevo Jesús histórico]*, ed. Michael J. Wilkins y J. P. Moreland (Grand Rapids, Mich.: Zondervan, 1995), pp. 141-76.

Bibliografía

Ajith Fernando, *The Supremacy of Christ [La supremacía de Cristo]* (Wheaton, Ill.: Crossway, 1995). Un excelente estudio teológico, apologético y devocional escrito por un líder cristiano de Sri Lanka.

Paul Griffiths, *An Apology for Apologetics: A Study in the Logic of Interreligious Dialogue [Una apología de la Apologética: Un estudio de la lógica del diálogo entre las religiones]* (Grand Rapids, Mich.: Zondervan, 1991). Un llamado para un intercambio apologético entre las tradiciones religiosas y una evaluación de las opiniones budistas.

James F. Lewis y **William G. Travis,** *Religious Traditions of the World [Tradiciones religiosas del mundo]* (Grand Rapids, Mich.: Zondervan, 1991). Un estudio de las religiones mundiales con atención especial a las diversas teorías de la religión comparativa.

Ronald Nash, *Is Jesus the Only Savior?* (Grand Rapids, Mich.: Zondervan, 1994). Una evaluación evangélica de John Hick y del inclusivismo religioso.

Harold Netland, *Disonant Voices: Religious Pluralism and the Quest for Truth* (Grand Rapids, Mich.: Eerdmans, 1991). Un análisis cuidadoso de las enseñanzas de las principales religiones con relación a las teorías de la religión comparativa. Incluye una evaluación excelente de las teorías de John Hick.

Douglas Groothuis, Ph.D., *es profesor asistente de filosofía y religión en Denver Seminary y es autor de seis libros, entre ellos* Unmasking the New Age.